Mae'r llyfr hwn yn eiddo i

....

....

GRAFFEG bach

Rhyfeddol!
Cyhoeddwyd yn 2022 gan Graffeg Cyf.
Cyhoeddwyd yn wreiddiol dan y teitl *Animal Surprises*

ISBN 9781802582048

Addasiad gan Anwen Pierce. Dylunio a chynhyrchu
© Graffeg
www.graffeg.com.

Graffeg Cyf., 24 Canolfan Fusnes Parc y Strade, Ffordd Mwrwg,
Llangennech, Llanelli, SA14 8YP, Cymru, DU. Ffôn 01554 824000
www.graffeg.com.

Mae cofnod catalog CIP ar gyfer y llyfr hwn ar gael o'r Llyfrgell Brydeinig.

Mae'r cyhoeddwr yn cydnabod cefnogaeth ariannol Cyngor Llyfrau Cymru. www.gwales.com

1 2 3 4 5 6 7 8 9

FSC www.fsc.org
MIX
Paper from responsible sources
FSC® C014138

RHYFEDDOL!

Ysgrifennwyd gan
Nicola Davies

Darluniau gan
Abbie Cameron

Y mae yma, rhwng
y cloriau, dudalennau
yn llawn lluniau
O ANIFEILIAID hoff,
arferol, a rhai sy'n
hynod a ...

RHY

FEDDOL!

Mae rhai yn

anferth,

rhai ddim mor fawr,

a rhai mor
fach â'r
llwch
ar lawr.

Rhai mor fain â chwt llygoden

a rhain mor drwm â boncyff coeden!

Rhai yn annwyl iawn a fflwffiog,

yn bigog,

cennog ac

yn droellog.

Anifeiliaid hoff, arferol,

ac anifeiliaid sy'n ...

RHYFE

DDOL!

Rhai â phedair coes

neu ddwy,

FFEINDIA'R BWYSTFIL BACH

Rhai â chwech

neu wyth

neu fwy!

Rhaid i'r rhai heb goesau

sgwiglo,

cropian a llusgo

gwingo a wiglo.

Nofio'n chwim
â chynffon ac asgell,

dwy adain er mwyn gwibio'n hirbell.

Tal a main

neu'n fyr,
yn stwcyn,

siâp fel
seren

neu'n debyg
i smotyn.

Plu a chen
a ffwr reit dwt,

trwnc yn drwyn,
a phig a chwt.

Anifeiliaid hoff, arferol,

ac anifeiliaid sy'n ...

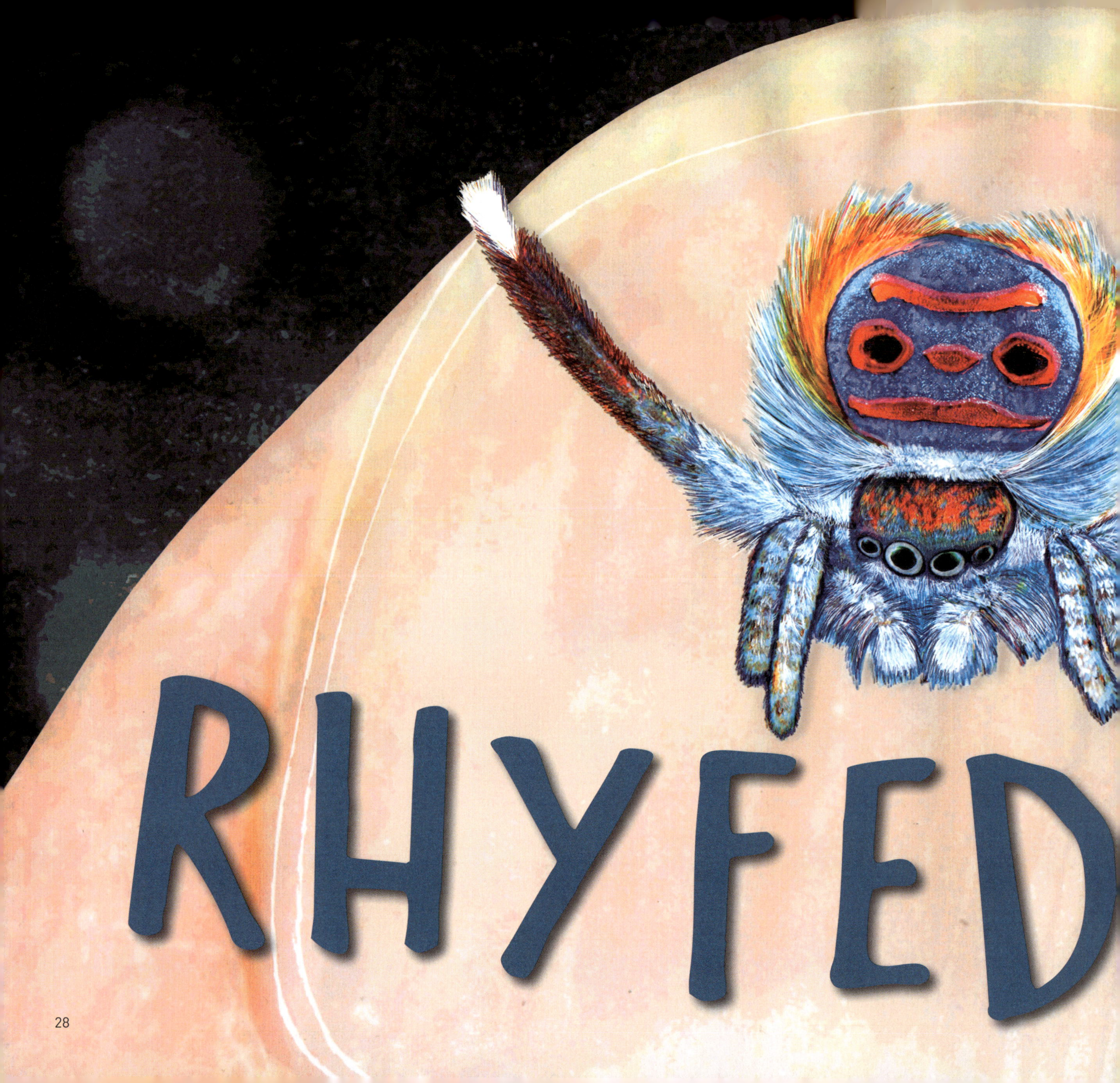

RHYFED

DOL!

POS AR Y DIWEDD

Cynffonnau di-ri sydd yn y darlun,
ond tybed i bwy maen nhw'n perthyn?

Atebion: 1.C, 2.Ch, 3.D, 4.A, 5.B

Nicola Davies

Mae'r awdur Nicola Davies wedi ennill nifer o wobrau, ac ymhlith ei llyfrau i blant mae *The Promise* (Gwobr Llyfrau Green Earth 2015, Rhestr Fer Greenaway 2015), *Tiny* (Gwobr AAAS Subaru 2015), *A First Book of Nature, Whale Boy* (Rhestr Fer Gwobr Blue Peter 2014) a chyfres Heroes of the Wild (Gwobr Llyfrau Portsmouth 2014). Graddiodd mewn swoleg, gan astudio morfilod ac ystlumod ac yna bu'n gweithio i Uned Hanes Natur y BBC. Sylfaen holl weithiau Nicola yw ei chred fod perthynas â natur yn hanfodol i bob person byw, a bod angen inni adnewyddu'r berthynas honno nawr yn fwy nag erioed. Ymhlith llyfrau Graffeg Nicola mae *Perfect*, cyfres Shadows and Light, *Nefoedd yr Adar!*, *Rhyfeddol!* a *Dan y Don*. Mae nifer o lyfrau Nicola ar gael yn Gymraeg, gan gynnwys *Y Ferch Newydd*, *Yr Addewid*, *Y Pwll* a *Perffaith*.

Abbie Cameron

Magwyd Abbie Cameron yng nghefn gwlad de-orllewin Lloegr. Wedi'i hamgylchynu gan fyd natur, daeth i garu a gwerthfawrogi anifeiliaid o bob lliw a llun. Astudiodd Ddarlunio ym Mhrifysgol Cymru Y Drindod Dewi Sant lle gwrddodd hi â Nicola Davies. Mae ei harddull yn chwareus a dyfeisgar, ac mae'n rhannu agwedd 'tafod yn y foch' ac arddull syml, ffwrdd â hi rai darlunwyr cyfoes eraill. Defnyddia Abbie liwiau llachar ac ansawdd, ac mae'n hoff o chwarae â graddfa, cyfansoddiad a gofod. *Nefoedd yr Adar!*, *Rhyfeddol!* a *Dan y Don* yw'r llyfrau cyntaf a ddarluniwyd ganddi sydd wedi'u cyhoeddi, ond mae'n gobeithio medru creu gyrfa yn y byd creu darluniau ar gyfer llyfrau. Cafodd ei chynnwys ar restr fer y Penguin Random House Design Awards 2014, gyda chymeradwyaeth arbennig am ei gwaith.

Cyfres Mydr ac Odl

Dewch i fwynhau byd natur yng nghwmni Nicola Davies, swolegydd ac awdur llyfrau plant penigamp. Dilynwch ei hanturiwr ifanc wrth iddi fentro drwy'r jwngl yn *Rhyfeddol!*, plymio i'r môr yn *Dan y Don* a dringo i ben y coed uchaf yn *Nefoedd yr Adar!*. Hefyd, cawn ddarganfod beth sydd tu mewn i'r plisgyn yn *Mae Mwy i'r Wy*, a theithio ledled y byd i ddysgu am bob math o greaduriaid yn *Infertebratau Brwd!*. Mae'r pedwar llyfr yn cynnwys lluniau llawn lliw gan Abbie Cameron.

Rhyfeddol!
ISBN 9781802582048

Nefoedd yr Adar!
ISBN 9781802582062

Infertebratau Brwd!
ISBN 9781802582376

Dan y Don
ISBN 9781802582055

Mae Mwy i'r Wy
ISBN 9781802582079

GRAFFEG
www.graffeg.com

Cyfres Tynnu Llun

Yn y chwaer gyfres, mae Abbie Cameron yn dysgu plant sut i dynnu lluniau o'u hoff anifeiliaid o'r llyfrau gam wrth gam. Mae hefyd yn cynnwys gwybodaeth am bob rhywogaeth gan Nicola Davies.

Yn y gyfres:

- *Rhyfeddol! Sut i Dynnu Llun*
- *Nefoedd yr Adar!: Sut i Dynnu Llun*
- *Dan y Don: Sut i Dynnu Llun*

Rhyfeddol! Sut i Dynnu Llun
ISBN 9781802582086

Nefoedd yr Adar!: Sut i Dynnu Llun
ISBN 9781802582109

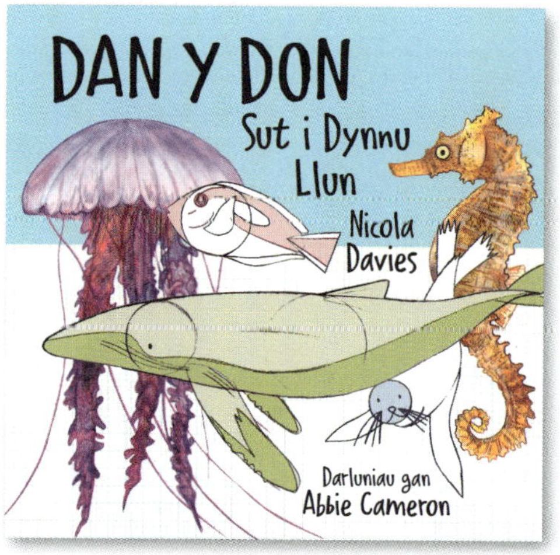

Dan y Don: Sut i Dynnu Llun
ISBN 9781802582093

Ewch i graffeg.com/pages/how-to-draw i weld Abbie yn tynnu lluniau rhai o'r anifeiliaid, gyda chyfarwyddiadau cam wrth gam.

GRAFFEG
www.graffeg.com

S
E
W
N